La venganza de Milo

Text and illustrations
by Terry T. Waltz

La venganza de Milo

Original text and illustrations by Terry T. Waltz
Based on *Milo youchoubibao!* by Terry T. Waltz
Edited by Ana Andrés del Pozo

Published by Squid For Brains
www.SquidForBrains.com
Albany, NY USA

Copyright © 2018 by Terry T. Waltz. All rights reserved. No part of this book may be reproduced or transmitted in any form or by any means, electronic or mechanical, including photocopying, recording or by any information storage or retrieval system, without the express prior written permission of the copyright holder.

ISBN-13: 978-1-946626-47-9

Chapter 1 Which Club?

«¡Club de Mascotas! ¡Somos el Club de Mascotas!».

«¿Te gusta jugar XBox? ¡El Club de XBox te quiere!».

«¡Es súper el Club de Ciencias!».

En el Barvard School hay muchos clubes. Hay clubes grandes y clubes pequeños. Milo y sus amigos están en la presentación de clubes. Ellos miran todos los clubes.

Tienen que decidir. ¿Qué club les gusta?

Milo no está contento hoy. Milo tiene un problema. Hay muchos clubes en el Barvard School, pero a Milo no le gustan. No le gustan ni los clubes grandes ni los clubes pequeños. A los amigos de Milo les gustan muchos clubes, pero a Milo no le gustan.

—¿Por qué no vamos al Club de Mascotas? ¡Es genial! ¡Vamos a ver! —Rosa le dice a Milo.

Rosa es una amiga de Milo. A la mamá de Rosa le encantan los gatos. A Rosa también le encantan los gatos, y la familia de Rosa tiene muchos gatos. Al papá de Rosa le gustan los perros, pero la mamá dice que a los gatos no les gustan los perros, así que la familia de Rosa no tiene perros. Rosa y su papá quieren un perro, pero es imposible, porque mamá dice que no.

A Rosa le gusta el Club de Mascotas. Pero a Milo no le gusta. No quiere ir al Club de Mascotas porque a él no le gustan los gatos.

—No me gusta el Club de Mascotas. ¡Los gatos y los perros son molestosos! A mí no me gustan.

Rosa mira a Milo. ¿Por qué a él no le gusta el Club de Mascotas? Milo es una persona difícil.

—¡Mira, Harold, hay un Club de XBox! ¡Genial! —Rosa le dice a Harold.

Harold es otro amigo de Milo. A Harold no le gustan los gatos, pero le gusta mucho jugar XBox. Juega XBox en la casa. A su papá también le gusta jugar XBox.

—A Harold le gustan muchos clubes. Le gusta mucho el Club de XBox —Rosa le dice a Milo.

—¿A ti no te gusta el Club de XBox? ¿Tienes una XBox en la casa? Jugar XBox es genial. A ti te gusta, ¿no? ¡A mí me gusta mucho!

¡Vamos a ver el Club de XBox!
—Harold le dice a Milo.

Pero Milo no quiere ir a ver el Club de XBox.

—¡Harold! La XBox en mi casa no es mía. Es la XBox de mi hermano mayor. A él le encanta jugar XBox. Pero a mí no me gusta mucho. Y mi hermano no es genial. Jugar XBox no es genial. No quiero ir a ver el Club de XBox.

Harold está enojado con Milo.

—¡El Club de XBox es súper! ¡Es genial! ¿A ti por qué no te gusta?

—Quiero un club supergenial. XBox no es genial. A ti te gusta jugar XBox, pero a mí no me gusta. XBox es otro club normal. No quiero ir a un club normal —Milo le dice a Harold.

Rosa y Harold no están contentos. A ellos les gusta jugar XBox. Les gusta el Club de XBox. Muchos estudiantes dicen que el Club de XBox es genial.

A Rosa y a Harold les gustan los perros y los gatos también, así que a ellos les gusta el Club de Mascotas. Pero a Milo no le gusta el Club de Mascotas. A él no le gusta el Club de XBox. Quiere un club supergenial. Pero ¿hay un club supergenial en el Barvard School?

Chapter 2 The Expo

Milo y sus amigos van a muchos clubes. Pero a Milo no le gustan los clubes.

—Los clubes son todos normales. No quiero un club normal —dice Milo.

—Sí, sí, quieres un club supergenial. Perfecto. Pero no quiero ver más clubes. Tengo hambre —Harold le dice a Milo.

—¡Es la señora Gómez! —Rosa les dice a Harold y a Milo.

La señora Gómez está en el Club de Español. Está muy contenta. Hay muchos

estudiantes en el Club de Español. Hablan español y comen tacos.

—¡Mira!, en el Club de Español hay tacos. ¡Vamos a ver! —Harold le dice a Milo.

Milo y sus amigos van a ver el Club de Español.

—¡Hola! ¿Cómo están? ¿Quieren comer un taco? —la señora Gómez les dice.

—El Club de Español tiene tacos. ¿No es un club supergenial? —Harold le dice a Milo.

—Sí, el Club de Español es genial. ¿No te gusta, Milo? —Rosa le dice a Milo.

Milo mira a Rosa. Él mira a la señora Gómez también. Pero no les dice nada.

Harold está enojado con Milo.

—A Milo no le gusta el Club de Español. Milo dice que quiere un club supergenial, y los clubes en el Barvard School no son supergeniales. ¡Es una persona difícil! —Harold le dice a la señora Gómez.

—Yo no dije… —dice Milo.

—A ti no te gusta el Club de Mascotas. A ti no te gusta el Club de XBox. Y a ti no te gusta el Club de Español. ¡Eres una persona muy difícil! —Rosa le dice a Milo.

—¡No soy una persona difícil! —dice Milo.

—Bueno. ¿Cuál club te gusta? —Harold le dice a Milo.

Pero Milo no mira a Harold. No escucha a Harold. Milo mira un club. Es el Club de Robótica. Rosa y Harold miran a Milo. Ellos miran el Club de Robótica.

—¡Milo! ¿En serio? ¿El Club de Robótica? ¿Te gusta el Club de Robótica?

—¡Milo! ¡La profesora del Club es la señora Bell! ¡Es horrible! ¡A ella no le gustan los estudiantes!

Milo mira a sus amigos. Los dos amigos están frustrados. Pero Milo no está frustrado. Milo está muy contento.

—¿A ustedes no les gustan los robots? —les dice a los amigos.

—Sí, nos gustan, pero…

—Los robots son supergeniales, ¿no?

—Sí, son geniales, pero…

—Los robots son geniales, y a ustedes les gustan. ¡El Club de Robótica es nuestro club! ¡Vamos!

Rosa mira a Harold. Harold mira a Rosa. ¡Milo es muy difícil! La profesora del Club de Robótica es realmente horrible. Pero Milo quiere ir al Club de Robótica. Rosa y Harold no están contentos, pero le dicen a Milo:

—Está bien. Vamos al Club de Robótica.

Chapter 3
Barvard Burgers, Anyone?

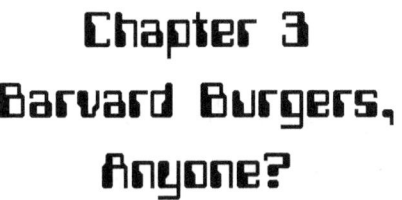

Son las tres, y Milo está muy contento. Milo y sus amigos están en la Barvatería. La Barvatería es un restaurante en el Barvard School. La Barvatería es muy grande. Muchos estudiantes están en la Barvatería. Ellos comen hamburguesas y hablan con los amigos.

—¡Rosa! ¡Harold! Hoy hay una especial. Una barvaburguesa por dos dólares. ¿Por qué no comemos una barvaburguesa? —Milo les dice a sus amigos.

—¡Buena idea! —A Harold le gustan mucho las barvaburguesas—. Rosa, ¿quieres comer una?

Rosa no quiere comer una barvaburguesa.

—¡No quiero una barvaburguesa! ¡Son verdes! ¡Son horribles!

—¡Son deliciosas! —Harold le dice a Rosa.

—No son deliciosas. Y las barvaburguesas no son carne de res —Rosa le dice a Harold.

—¿Las barvaburguesas no son carne de res? ¿Quién dice que no son carne de res? —dice Harold.

—¡El Club de Ciencia dice que las barvaburguesas son carne de perro!

Harold mira a Milo.

—¿Carne de perro? Las barvaburguesas no son carne de perro. ¡Son deliciosas! Si tú comes una barvaburguesa, yo también como una barvaburguesa.

—Si ustedes quieren comer barvaburguesas en la Barfatería, está bien. Pero yo no quiero vomitar. No voy a comer una barvaburguesa —Rosa les dice a los dos.

Milo y Harold miran a Rosa.

—¡Barfatería! ¡Ja, ja! —Y compran cuatro barvaburguesas.

Rosa no está contenta. Harold y Milo comen barvaburguesas. Rosa no come. Rosa mira a Harold y a Milo.

—Tenemos que ir al Club de Robótica a las tres y media —Rosa les dice.

—¿Qué hora es? —Milo le dice.

—Son las tres y veinticinco. ¡Vamos!

—Pero el Club de Robótica es el club de la señora Bell. ¡Ella es horrible! Todos los estudiantes en el Club de Robótica dicen que ella es terrible. A ella no le gustan los estudiantes —Harold le dice.

—Los robots son supergeniales, ¿no? Mi papá dice que va a comprar un robot. ¡Vamos al Club de Robótica! —dice Milo.

—Son las tres y veintiocho. ¡Vamos!

Chapter 4
The Robotics Club

Milo y sus dos amigos van al Club de Robótica. Hay muchos estudiantes en el Club. Milo y sus amigos miran a los estudiantes.

—¡El Club de Robótica es muy grande! ¡Hay muchos estudiantes! —dice Harold.

—No es porque la señora Bell es genial. ¡Es horrible! No me gusta. Hay muchos estudiantes porque el Club de Robótica va a competiciones.

¡A todos los estudiantes les gusta ir a competiciones! —dice Milo.

—¡Hola! Bienvenidos al Club de Robótica. Soy la señora Bell. ¡Guau, muchos estudiantes! ¡Es fantástico! Vamos a ganar. ¡Barvard me va a dar mucho dinero! —dice la señora Bell.

—¿Qué vamos a ganar? ¿Por qué Barvard le va a dar mucho dinero a usted? Si el Club gana una competición, la escuela va a dar dinero al Club, ¿no es así? —Rosa le dice a la señora Bell.

—Ah, sí…, sí…, quiero decir, Barvard va a dar mucho dinero al Club de Robótica. ¡Tienen que ganar la competición! Hay una competición de robótica en Monkey's Eyebrow, y tres estudiantes van a ir a la competición. Tres estudiantes. Y voy a decidir quién va a Monkey's Eyebrow. Los estudiantes que a mí me gustan van a Monkey's Eyebrow. Los estudiantes que a mí no me gustan no van a Monkey's Eyebrow —dice la señora Bell.

La señora Bell mira a los estudiantes.

—¿Quién dice que soy bonita?

Milo mira a Harold. ¿Qué quiere decir? Los estudiantes no dicen nada.

La señora Bell no está contenta, porque los estudiantes no dicen «¡usted es bonita!».

—¡El Club de Robótica es mi club! ¿Ustedes quieren ir a la competición de robótica? Si quieren ir a la competición de robótica, tienen que decir que soy bonita —la señora Bell les dice a los estudiantes.

—¡Aaaaaaaaah! —dice Harold.

—¿Estás bien? —Rosa le dice a Harold.

—¡Voy a vomitar! —dice Harold.

—¡Yo también! ¡Voy a vomitar! —dice Milo.

—Tú…, ustedes… ¿por qué vomitan? ¡No me gustan los estudiantes que vomitan en el Club de Robótica! —dice la señora Bell.

—Es porque las barvaburguesas ¡son de carne de perro! —dice Rosa.

—Mi club es el Club de Robótica, no es ¡el Club de Vomitar! ¡No me gustan ustedes! —dice la señora Bell.

Chapter 5

Where's the Cash?

Los tres amigos están en la casa de Rosa. A Milo y a Harold les gusta mucho ir a la casa de Rosa, porque la mamá de Rosa les da cosas deliciosas.

—Hay Oreos. ¿Quieren comer Oreos? —Rosa les dice a Harold y Milo.

—¡Sí! —dicen Milo y Harold.

—¡El Club de Robótica va a una competición de robótica en Monkey's

Eyebrow! ¿No es fantástico? ¡Quiero ir a la competición! —dice Milo.

Harold toma tres Oreos.

—¡Yo también quiero ir a la competición! ¡Vamos todos!

Rosa mira a los dos amigos.

—Pero hay un problema. La señora Bell dice que el Club de Robótica no tiene dinero. Necesitamos dinero para ir a la competición en Monkey's Eyebrow.

Milo come una Oreo.

—Dinero. Dinero. El dinero siempre es un problema.

—El dinero no es un problema. No tener dinero es un problema, pero el dinero no es un problema —dice Harold.

—¿Por qué el Club de Robótica no tiene dinero? La señora Bell dice que Barvard da mucho dinero al Club.

—Sí…, ¿por qué el Club no tiene dinero? —dice Harold.

—A mí no me gusta la señora Bell. Siempre nos pregunta «¿Soy bonita? ¿Sí o no?». Y no es bonita. Es horrible —dice Milo.

—La señora Bell es horrible, pero el problema es que no tenemos dinero. Tenemos que pensar. ¿Quién tiene dinero? ¿Quién tiene mucho dinero? —dice Rosa.

Los tres amigos piensan.

—El director tiene mucho dinero, porque es el director —dice Harold.

—¡Sí! El director tiene mucho dinero. La casa del director es muy grande. El director nos va a dar dinero —dice Milo.

—¿El director nos va a dar dinero? ¿Por qué? ¿Y quién va a la casa del director? —Rosa le dice.

—¡Yo no! —dicen Milo, Harold y Rosa.

Es un problema muy grande. Milo toma cinco Oreos. Toma una Oreo más y les dice a los amigos:

—¡Un robot que limpia!

—¿Un robot que limpia? —dicen Harold y Rosa.

—Sí. A las personas que tienen mucho dinero no les gusta limpiar. La casa del director es muy grande. Vamos a la casa del director. Le vamos a decir que el robot va a limpiar su casa. ¡Le va a gustar mucho, y nos va a dar mucho dinero!

—Buena idea. ¡Un robot que limpia! ¡Fantástico! ¡El Club va a tener mucho dinero!

—¡Y cuando la señora Bell ve el dinero…! Nos va a decir «¡ustedes van a la competición en Monkey's Eyebrow!».

Chapter 6
A Clean Sweep?

Milo, Harold y Rosa están en la casa del director. La casa es muy grande. El director tiene seis perros. Son perros shih tzu.

—¡Ay! Me gustan mucho los perros del director. ¡Son muy bonitos! —dice Rosa.

—A mí no me gustan los perros. No quiero limpiar la casa del director, porque tiene seis perros. No es fácil

limpiar una casa donde hay muchos perros —dice Milo.

—Pero necesitamos dinero. El Club necesita dinero —dice Harold.

—Milo, tú no vas a limpiar la casa del director. El robot va a limpiar la casa del director —dice Rosa.

—¡Sí! Nosotros no limpiamos. El robot va a limpiar. ¡Nosotros vamos a comer barvaburguesas! —dice Harold.

—¡Buena idea! —dice Milo.

—¿Comer barvaburguesas? ¿Ustedes quieren vomitar? Yo no quiero… Ah, hola, señor director —dice Rosa.

El director mira a los tres estudiantes. El director no está contento.

—Voy a Mal-Wart. ¿Por qué están ustedes en mi casa?

—Estamos en su casa porque…, porque… ¿necesita limpiar la casa? —dice Milo.

—¿Necesito limpiar mi casa? Por qué ustedes…

—¿A usted le gusta limpiar? —Harold le dice.

—¿Me gusta limpiar la casa? ¡No! A nadie le gusta limpiar la casa. Pero ustedes…

Rosa mira a Milo y a Harold. No está contenta.

—El Club de Robótica va a limpiar su casa —le dice al director.

—¿Con un robot? —el director les dice.

—¡Sí! ¡Es un robot fantástico! —dicen los tres amigos.

El director mira el robot.

—El robot no es muy grande. Es pequeño. Y mi casa es muy grande.

—Es un muy buen robot. No hay problema —le dice Rosa al director.

El director piensa: «Está bien». ¡Los tres amigos están muy contentos!

—Y usted tiene que darnos cincuenta dólares. Necesitamos dinero porque el Club de Robótica va a una competición en Monkey's Eyebrow —Harold le dice al director.

—Barvard da mucho dinero al Club de Robótica. ¿Por qué no tienen dinero para ir a la competición en Monkey's Eyebrow? —El director no está contento.

—La señora Bell dice… —dice Milo.

—Por favor…, es un robot muy bueno. ¡Limpia muy bien! —Rosa le dice al director.

—¡Cincuenta dólares! —El director no está contento—. Es mucho dinero. Pero no me gusta limpiar. Sí, está bien. El robot limpia mi casa, y les doy cincuenta dólares.

—¡Fantástico! ¡Usted va a Mal-Wart, y el robot va a limpiar su casa!

Chapter 7
I Have to Kiss Who?

—¡No es nuestra culpa! —dicen Milo y Harold.

—¿No? ¿De quién es la culpa? ¡Ustedes y las barvaburguesas! —Rosa les dice.

Rosa no está contenta. Mientras el robot limpiaba la casa del director, también afeitó los seis perros shih tzu. ¡Los perros están muy feos!

—El director está muy molesto. ¡Los seis perros están muy feos! Y porque el director está molesto ¡no nos da el dinero! ¡El director está tan molesto que nosotros tenemos que darle dinero a él! No vamos a Monkey's Eyebrow. ¡Y es tu culpa, Milo, porque querías ir a la Barvatería! ¡Ay!

—El director quiere dinero, pero nosotros no tenemos dinero. Es un gran problema —dice Harold.

—No es un problema. Tengo una solución. A muchas personas les gusta Harold. A las chicas les gusta Harold. A los chicos les gusta Harold también. A los profesores les gusta Harold. A los perros y a los gatos les gusta Harold.

—Sí, ¿y qué? —Rosa le dice.

—¡Muchas personas le quieren besar! —Milo le dice a Rosa.

—¿Besarme? ¡No, no, no! —Harold le grita.

—Ay, Harold. Tú besas a cinco o seis personas y podemos ir a Monkey's Eyebrow —Milo le dice a Harold.

—¡Pero no quiero besar a nadie! Pues beso a mi mamá, pero… ¡no! ¡Y no quiero besar a los perros y a los gatos! ¡Es una idea horrible!

—Harold, ¿no quieres ir a Monkey's Eyebrow? —Rosa mira a Harold.

—Sí, quiero. Quiero ir a la competición de robótica, pero…. —Harold le dice.

—El Club necesita dinero. Y por tu culpa no tenemos dinero —Rosa le dice a Harold.

—¡Es la culpa de Milo! Él quería ir a la Barvatería. ¡Yo no quería ir! —Harold le dice.

—No importa quién quería ir. Es muy simple. Si tú besas a los perros y a los gatos, vamos a tener mucho dinero. Si no besas a los perros y a los gatos, no vamos a tener dinero. Si no tenemos dinero, no podemos darle el dinero al director. ¡Y no podemos ir a la competición de robótica en Monkey's Eyebrow! —dice Milo.

—Si quieres ir a Monkey's Eyebrow, tienes que besar a los profesores y a los estudiantes y tienes que besar a los perros y los gatos también. ¿Vas a besarlos o no? —Rosa le dice a Harold.

Harold no está contento, pero les dice a los amigos:

—Está bien. Voy a besar a los profesores y a los estudiantes.

—¿Y a los animales? ¿Vas a besar a los gatos y a los perros también? —Rosa le dice.

—El Club necesita dinero. El director quiere dinero. ¡Tienes que besarlos! —dice Milo.

Harold mira a Rosa. Mira a Milo. Y les dice:

—Está bien. Voy a besar a los gatos y a los perros también.

Chapter 8

Road Trip

—¡Vamos a Monkey's Eyebrow! ¡Vamos a la competición!

Los tres amigos están muy contentos. ¡El Club de Robótica tiene dinero!

Pero no es porque muchas personas querían besar a Harold. Nadie quería besar a Harold. Y no es porque Harold besó muchos perros y gatos. El Club de Robótica tiene mucho dinero porque a muchas personas les gusta el robot. Todas las personas querían besar al robot.

La señora Bell no está contenta.

—No tenemos dinero para ir en tren. Tenemos que ir en mi coche. Pero si ustedes vomitan, ¡vamos a tener un gran problema!

—¡Pero el Club de Robótica tiene mucho dinero! —Milo le dice.

—¡Sí! Muchas personas querían besar el robot. ¡Tenemos mucho dinero! —Harold le dice a la señora Bell.

—No. No tenemos mucho dinero. Vamos a Monkey's Eyebrow en mi coche —la señora Bell les dice a los tres.

Milo y sus amigos no están contentos. A ellos no les gusta la señora Bell. Es la profesora del Club de Robótica, pero a ellos no les gusta. El Club tiene mucho dinero, pero la señora Bell dice que no tiene mucho dinero. ¿Dónde está el dinero?

Los tres amigos están en el coche con la señora Bell. Ella canta con la radio. Canta muy mal. Es terrible.

—A mí no me gusta el coche de la señora Bell. Hace mucho ruido —Harold le dice a Milo.

—Sí. Su coche no es bueno. Es feo y hace ruidos horribles —dice Milo.

—Y la señora Bell también hace ruidos horribles —Harold le dice a Milo.

—Ssshhh —Rosa les dice.

A ellos no les gusta la música de la señora Bell. La música no es buena, y la señora Bell canta mucho y hace ruidos horribles.

—¿Por qué a la señora Bell le gusta la música horrible? —dice Milo.

—¡Ssshhh! Quiero escuchar la música. ¿Por qué hablan? A mí no me gustan los estudiantes que hablan.

Rosa mira a Milo.

—La señora Bell está muy molesta.

—¿Por qué hablas, Rosa? ¿Ustedes no tienen *School Robotics Today*? —la señora Bell les dice.

—Sí, pero si leo *School Robotics Today* en el coche, voy a vomitar, y… —Harold le dice a la señora Bell.

—¡No! ¡En mi coche, no! Pero tienen que ganar la competición de robótica. Pueden leer un poco, ¿no? —la señora Bell grita.

Milo, Rosa y Harold leen *School Robotics Today*. *School Robotics Today* dice que la competencia en Monkey's Eyebrow es muy grande. Muchos estudiantes van a la competición.

—¡Mira! ¡Central Academy tiene un robot fantástico! ¿Ellos van a la competición en Monkey's Eyebrow? —dice Milo.

—Nuestro robot es muy bueno también —dice Harold.

—Pero…

¡Pum pum pum! ¡Pum pum pum! Pum… pum… pum…

—¡Este ruido no es la música de la señora Bell! —dice Rosa.

Chapter 9

Fix-A-Wreck

—¡Ay! ¡Mi coche! ¿Qué pasó con mi coche? Ustedes…

La señora Bell no está contenta. Las cuatro personas están en el Mid Continent Rest Stop. Pero el coche de la señora Bell tiene problemas.

—¡No es nuestra culpa! ¡Su coche no es bueno! Es un cocho horrible, y hace ruidos horribles —Harold grita.

La señora Bell está muy molesta.

—¿Mi coche? Mi coche es un coche excelente. Pero cuando ustedes están en mi coche, hay problemas.

—Está bien. El Club de Robótica tiene dinero —Rosa le dice.

La señora Bell mira a Rosa.

—¿El Club de Robótica tiene dinero? No. El Club no tiene dinero. Si ustedes quieren ir a Monkey's Eyebrow, tienen que pensar. ¡Quiero una solución!

—La señora Bell está muy molesta —Milo le dice a Harold.

—Sí. Pero es su culpa. Su coche es horrible. ¿Cómo vamos a Monkey's Eyebrow? ¿Por qué tenemos que ir en el coche de la señora Bell? —Harold le dice.

—¿Por qué nos dice que el Club de Robótica no tiene dinero? Muchas personas querían besar el robot. El Club tiene mucho dinero. ¡Miren! —dice Rosa—. Hay un Fix-A-Wreck en el Mid Continent Rest Stop. ¡Vamos! —Rosa le dice a la señora Bell.

La señora Bell mira su celular iDroidX. Está muy molesta.

—¡No! —la señora Bell le dice a Rosa— ¡Estoy muy molesta! ¡Todo es su culpa! ¡La culpa es de ustedes tres! Son estudiantes horribles. Voy a Burger Queen. Tienen que pensar. ¡Quiero una solución, y muy pronto!

Los tres amigos piensan.

—¿Qué podemos hacer? Tenemos que ir a la competición. Tenemos que ir a Monkey's Eyebrow —dice Rosa.

—¿Por qué la señora Bell tiene dinero para ir a Burger Queen, pero nosotros tenemos que pensar en una solución?, ¿por qué no hay dinero para ir a Fix-A-Wreck? —dice Harold.

—No importa. Las barvaburguesas en la Barvatería son deliciosas. Las hamburguesas en Burger Queen no son deliciosas. No quiero ir a Burger Queen —Milo le dice.

—¡Mira! ¡Hay un Tennessee Fried Chicken! ¡A mí me encantan los Tennessee Fried Chicken! —Harold le dice a Milo.

Rosa está molesta.

—¡Ustedes tienen que pensar! Quieren ir a Monkey's Eyebrow, ¿no?

Milo y Harold no hablan más. Miran el coche de la señora Bell.

—Mi papá me dio un robot. Está en mi maleta. ¿Dónde está la maleta? —dice Milo.

—Todas las maletas están en el coche —Rosa le dice a Milo.

La maleta de Milo está en el coche.

—¡Mira! El robot está en mi maleta. ¡Fantástico! A las personas en el Mid Continent Rest Stop también les gustan los robots. ¡Van a querer besar mi robot, y vamos a tener mucho dinero! —dice Milo.

—¡Perfecto! ¡Podemos ir a Fix-A-Wreck! —Harold le dice.

Pero Rosa no escucha a Harold y a Milo. No mira a Harold y a Milo. Rosa mira las maletas en el coche.

—¡Milo! ¡Harold! ¡Mirad qué hay en el coche!

—¿Qué hay en el coche? Nuestras maletas, y las maletas de la señora Bell, ¿verdad?

—Sí. ¡Pero miren qué hay en la maleta de la señora Bell! —Rosa les dice.

Milo y Harold miran en la maleta de la señora Bell. Hay mucho dinero en la maleta.

—¿Dinero? —dice Milo.

—¡Pero la señora Bell dice que el Club de Robótica no tiene dinero! —dice Harold.

—¡La señora Bell robó el dinero del Club de Robótica! —dice Rosa.

Chapter 10

A Close Shave

Hay muchas personas en Monkey's Eyebrow. Los tres amigos están contentos.

Rosa está contenta porque están en la competición.

Milo y Harold están contentos, porque comían mucho Tennessee Fried Chicken en el Mid Continent Rest Stop. No quieren estar en el coche un minuto más. Van a vomitar.

Pero la señora Bell no está contenta.

—¡A la competición! ¡Rápido!

—Los profesores tienen que mirar a los estudiantes. ¡Siéntese, por favor! —un oficial le dice a la señora Bell.

—Está bien. Voy a sentarme con los oficiales guapos. Me gustan los oficiales guapos, porque soy muy bonita —dice la señora Bell. Ella se sienta con los oficiales guapos.

—¡Hola! ¡Bienvenidos a la competición! Es una competición muy difícil. Es más difícil que FIRST. Es más difícil que VEX. Es más difícil que la World Robot Olympiad. ¡Sus robots tienen que afeitar a un oficial! —el oficial les dice a todos los estudiantes.

—Es muy difícil —dice Rosa.

—¡Mira! Hay tres oficiales con barbas muy largas —dice Harold.

—¿Nuestro robot puede afeitar la barba a un oficial? —dice Milo.

—¡Sí! El robot afeitó los seis perros del director. Puede afeitar a un oficial —dice Rosa.

Harold está muy contento.

—¡Sí! Nuestro robot es fantástico. Puede afeitar los perros. Puede afeitar a los oficiales. Y también… puede afeitar a la señora Bell, ¿no?

Los tres amigos miran a la señora Bell. La señora Bell no los mira a ellos. A ella le gustan los oficiales guapos con las barbas largas.

—¡Me encantan los oficiales con barbas! ¡Son muy guapos! ¿A ustedes les gustan los profesores? —ella les dice.

—A la señora Bell le gusta el dinero. Tenemos el dinero que ella robó del Club de Robótica. Pero a ella también le gusta mucho ser bonita… —dice Milo.

—Si el robot afeita a la señora Bell, no podemos ganar la competición… —dice Rosa.

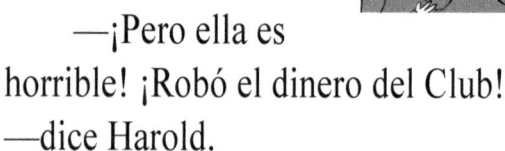

—¡Pero ella es horrible! ¡Robó el dinero del Club! —dice Harold.

Los tres amigos miran a la señora Bell. Ellos miran al robot. Y…

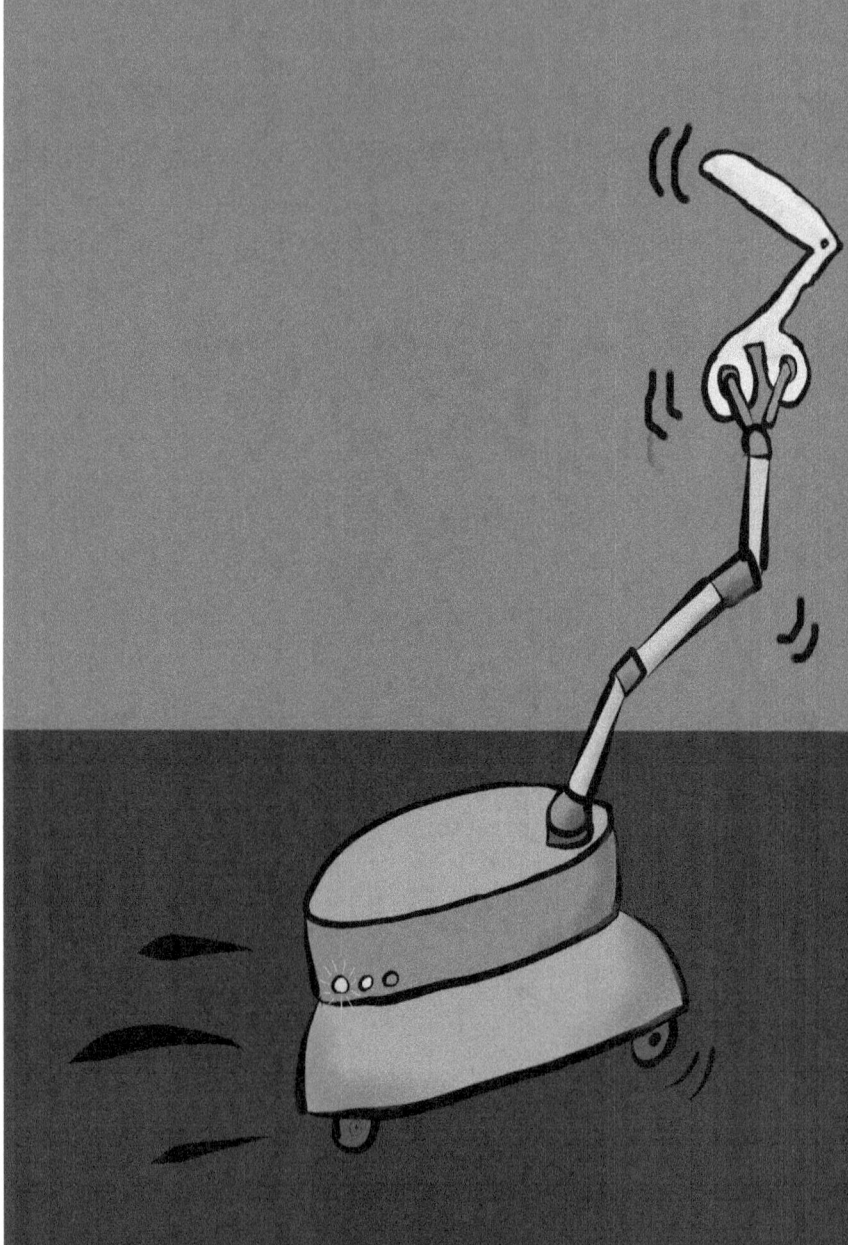

Chapter 11
Would You Like Fries With That?

—¿Por qué los estudiantes no limpian la basura?

—¿Cómo? —Rosa mira a Milo.

—¿Por qué los estudiantes no limpian la basura? No limpian. ¡No me gusta trabajar en la Barvatería! —Milo le dice.

Milo está muy molesto. Está molesto porque los tres amigos tienen que trabajar en la Barvatería. A ellos les gusta la

Barvatería, pero a ellos no les gusta trabajar en la Barvatería.

—El director dice que tenemos que trabajar. Tenemos que trabajar porque le afeitamos el pelo a la señora Bell —dice Rosa.

—Pero no le afeitamos el pelo a la señora Bell. El robot le afeitó el pelo a ella. ¡Nosotros no! —dice Harold.

—Y el robot no le afeitó todo el pelo a la señora Bell. ¡Solo le afeitó una parte! —dice Milo.

En la competición en Monkey's Eyebrow, el robot le afeitó una parte del pelo a la señora Bell. La señora Bell está muy molesta. Pero Milo, Harold y Rosa le dijeron al director que la señora Bell robó el dinero del Club de Robótica. El director estaba muy molesto también. Y ahora la señora Bell no trabaja en el Barvard School.

—La señora Bell no trabaja en el Barvard School, pero ¿dónde trabaja ahora? —dice Milo.

—Trabaja en Jody's Junkyard, con los coches de segunda mano —dice Harold.

—¿De verdad? ¡Ja, ja! —dice Milo.

—¡Milo! Tienes que trabajar. Tú querías ir al Club de Robótica. Tú querías ir a Monkey's Eyebrow para la competición. ¡Todo es tu culpa! —Rosa le dice.

—Pero la señora Bell no trabaja ahora en el Barvard School. Es por mi «culpa» también, ¿no? —dice Milo.

—No importa. ¡Mira!, hay un estudiante que quiere comer una barvaburguesa. ¡Tienes que trabajar! —dice Rosa.

Y Milo le dice al estudiante:

—Bienvenido a la Barvatería. Sí…, sí…, una barvaburguesa. ¿Y quieres papas fritas?

Glossary

a: to
afeita: s/he/it shaves
afeitamos: we shave(d)
afeitar: to shave
afeitó: s/he/it shaved
ahora: now
al: to the
amiga: friend (female)
amigo: friend (male)
amigos: friends
animales: animals
así: so, in that way
ay: oh!
barba: beard
barfatería: Joking name for the Barvateria
Barvaburguesa: Barvard-burger, the specialty at the Barvard School restaurant
Barvatería: Barvateria, the restaurant at the Barvard School
basura: garbage, trash
besar: to kiss
besarlos: to kiss them
besarme: to kiss me
besas: you kiss
beso: I kiss
besó: s/he/it kissed
bien: well, good
bienvenido: welcome
bonita: pretty
bonitos: pretty, good-looking
buen: good
buena: good
bueno: good
burger: hamburger
canta: s/he/it sings
carne: meat
carne de res: beef
casa: house
celular: cell phone
chicas: girls
chicos: boys
ciencia: science
cinco: five
cincuenta: fifty
clubes: clubs
coche: car
come: s/he/it eats
comemos: we eat
comen: they/you all eat
comer: to eat
comes: you eat
comían: they were eating
como: I eat
cómo: how?
competencia: competition
competición: competition
compran: they/you all buy

comprar: to buy
con: with
contenta: happy
contento: happy
contentos: happy
cosas: things
cuál: which?
cuando: when
cuatro: four
culpa: fault
da: s/he/it gives
dar: to give
darle: to give to him/her/it
darnos: to give to us
de: of
de verdad: really?
decidir: to decide
decir: to say
del: of the
deliciosas: delicious
dice: s/he/it says
dicen: they/you all say
difícil: difficult
dije: I said
dijeron: they/you all said
dinero: money
dio: s/he/it gave
director: principal of a
    school
dólares: dollars
donde: where
dónde: where?
dos: two

doy: I give
el: the
él: he
ella: she
ellos: they
en: in, on
enojado: angry
eres: you are
es: s/he/it is
escucha: s/he/it listens
escuchar: to listen to
escuela: school
español: Spanish
especial: special
está: s/he/it is
estaba: s/he/it was
estamos: we are
están: they/you all are
estar: to be
estás: you are
este: this
estoy: I am
estudiante: student
excelente: excellent
fácil: easy
familia: family
fantástico: fantastic
feo: ugly
frustrado: frustrated
gana: s/he/it wins
ganar: to win
gatos: cats
genial: cool, great

gran: big
grande: big
grita: s/he/it yells
guapos: handsome
guau: wow!
gusta: it is pleasing to
gustan: they are pleasing to
gustar: to be pleasing to
hablan: they/you all speak
hablas: you speak
hace: s/he/it does or makes
hacer: to make or do
hambre: hunger
hamburguesas: hamburgers
hay: there is
hermano: brother
hola: hello
hora: time, hour
horrible: horrible
hoy: today
idea: idea
importa: it is important, it matters
imposible: impossible
ir: to go
ja: ha
juega: s/he/it plays
jugar: to play
la: the
largas: long

las: the
le: to him/her
le encanta: s/he/it really likes
leen: they/you all read
leer: to read
leo: I read
les: to/for them
limpia: s/he/it cleans
limpiaba: s/he/it was cleaning
limpiamos: we clean or cleaned
limpian: they/you all clean
limpiar: to clean
mal: bad
maleta: suitcase
mamá: mom
mano: hand
más: more
mascotas: pets
mayor: older
me: to/for me
media: half
mi: my
mí: me
mía: mine
mientras: while
minuto: minute
mira: s/he/it looks
miran: they look
mirar: to look

mire: look!
miren: look, y'all!
molesto: upset
mucho: many, a lot
música: music
muy: very
nada: nothing
nadie: no one
necesita: s/he/it needs
necesitamos: we need
necesito: I need
ni: neither, nor
no: no, not
nos: to/for us
nosotros: we
nuestro: our
o: or
oficial: official
otro: other
papá: dad
papas fritas: French fries (fried potatoes)
para: for
parte: part
pasó: s/he/it passed
pelo: hair
pensar: to think
pequeño: small
perfecto: perfect
pero: but
perro: dog
persona: person
piensa: s/he/it thinks
piensan: they/you all think
poco: a little bit
podemos: we are able
por: for, by
por favor: please
porque: because
por qué: why?
pregunta: s/he/it asks; a question
presentación: expo
problema: problem
profesora: teacher
pronto: soon
puede: s/he/it is able
pueden: they/you all are able
pues: well
pum: boom
que: that
qué: what?
querer: to want, like, love
quería: I/she/he/it wanted
querían: they/you all wanted
querías: you wanted
quién: who?
quiere: s/he/it wants
quieren: they/you all want
quieres: you want
quiero: I want
radio: radio
rápido: fast
realmente: really

restaurante: restaurant
robó: s/he/it robbed, stole
robot: robot
robótica: robotics
ruido: noise
segunda: second
seis: six
señor: sir, Mr.
señora: ma'am, Mrs.
sentarme: for me to sit down
ser: to be
serio: serious
shih tzu: Shih Tzu, a breed of dog
si: if
sí: yes
siempre: always
(se) sienta: s/he/it sits
siéntese: sit down!
simple: simple
solo: only
solución: solution
somos: we are
son: they are
soy: I am
súper: super
supergenial: really great
taco: taco
también: also
tan: so
te: to/for you
tenemos: we have
tener: to have
tengo: I have
terrible: terrible
ti: you
tiene: s/he/it has
tienen: they/you all have
tienes: you have
todo: all
toma: s/he/it takes
trabaja: s/he/it works
trabajar: to work
tren: train
tres: three
tu: your
tú: you
usted: you (formal)
ustedes: you all (formal)
va: s/he/it goes
vamos: we go, let's go!
van: they/you all go
vas: you go
ve: s/he/it sees
veinticinco: twenty-five
veintiocho: twenty-eight
ver: to see
verdes: green
vomitan: they/you all vomit
vomitar: to throw up, vomit
voy: I go
y: and
yo: I

www.ingramcontent.com/pod-product-compliance
Lightning Source LLC
Chambersburg PA
CBHW052205110526
44591CB00012B/2089